6·7세
가 나 다

어린이
국어
따라쓰기

편집부편

와이 앤 엠

어린이

국어

따라쓰기

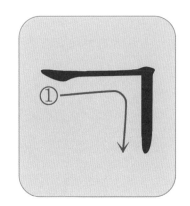

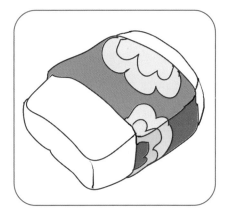

기	름

지	우	개

☆ '가'의 쓰는 순서를 보고 정확히 따라 써 봅시다.

ㄱ + ㅏ = 가

가 가 가 가 가

가지　가슴　가루

⭐ '¬' 이 들어가는 낱말을 따라 써 봅시다.

거	위		

고	추		

구	두		

'㉠'이 들어가는 낱말을 따라 써 봅시다.

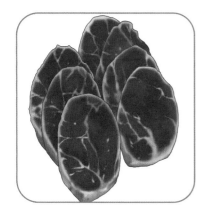

고	기		

고	래		

기	차		

☆ 'ㄱ'이 들어가는 낱말을 따라 써 봅시다.

그	네		

가	게		

가	구		

☆ 'ㄱ'이 들어가는 낱말을 따라 써 봅시다.

가	로	수

가	마		

가	죽		

9

☆ 빈칸에 알맞은 글자를 써 넣고 오른쪽에 예쁘게 따라 써 봅시다.

 지

두

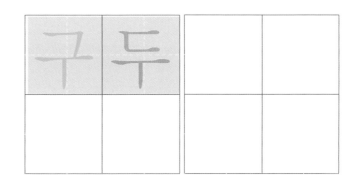

고

□ 네

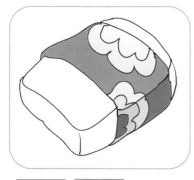

□□ 개

□ 름

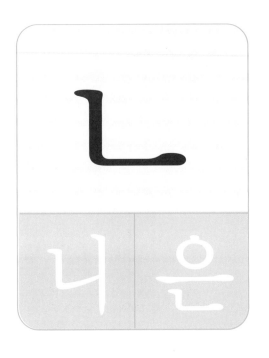

ㄴ + ㅏ = 나

나	나	나	나	나

나	팔

나	무

나	물

'' 이 들어가는 낱말을 따라 써 봅시다.

나	팔		

나	침	판

누	나		

☆ 'ㄴ'이 들어가는 낱말을 따라 써 봅시다.

너	구	리

낙	지

나	뭇	잎

☆ 빈칸에 알맞은 글자를 써 넣고 오른쪽에 예쁘게 따라 써 봅시다.

나	무		

☐ 무

누	나		

누 ☐

개 ☐ 리

개	나	리

노 [ ]

노	래		

미 [ ] 리

미	나	리

바 [ ] [ ]

바	나	나

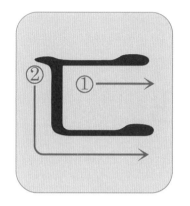

☆ '다'의 쓰는 순서를 보고 정확히 따라 써 봅시다.

ㄷ + ㅏ = 다

다 다 다 다 다

다리　다섯　단풍

☆ 'ㄷ'이 들어가는 낱말을 따라 써 봅시다.

도	끼		

다	리	미

도	토	리

☆ 'ㄷ' 이 들어가는 낱말을 따라 써 봅시다.

두	꺼	비

두	루	미

두	부	

☆ 빈칸에 알맞은 글자를 써 넣고 오른쪽에 예쁘게 따라 써 봅시다.

자	두		

자

구	두		

구

다	리		

리

바

바	다		

자 기

도	자	기

호

호	두		

☆ 자음자 '리을'을 익히고 예쁘게 따라 써 봅시다.

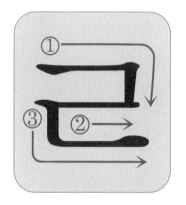

자루

다리

☆ '라' 의 쓰는 순서를 보고 정확히 따라 써 봅시다.

ㄹ + ㅏ = 라

라 라 라 라 라

가	로	수

개	구	리

'르' 이 들어가는 낱말을 따라 써 봅시다.

문	고	리

로	켓		

개	구	리

'르'이 들어가는 낱말을 따라 써 봅시다.

노루

소라

가로수

☆ 빈칸에 알맞은 글자를 써 넣고 오른쪽에 예쁘게 써 봅시다.

보 □

보	리		

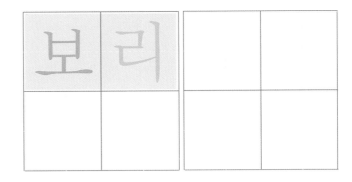

도 토 □

도	토	리

노 □

노	루		

코 끼 □

코 끼 리

걸 □

걸 래

꼬 □

꼬 리

⭐ 낱말을 읽고 자음자를 바로 써 봅시다.

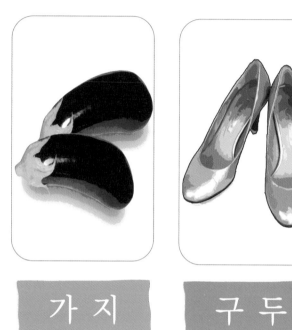

가 지

구 두

나 비

나 무

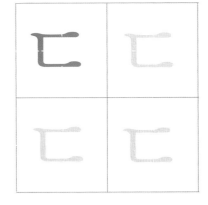

다 리

두 부

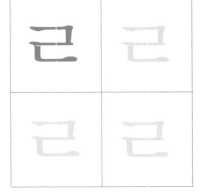

노 루

소 라

☆ 그림과 맞게 연결하여 낱말을 만들어 봅시다.

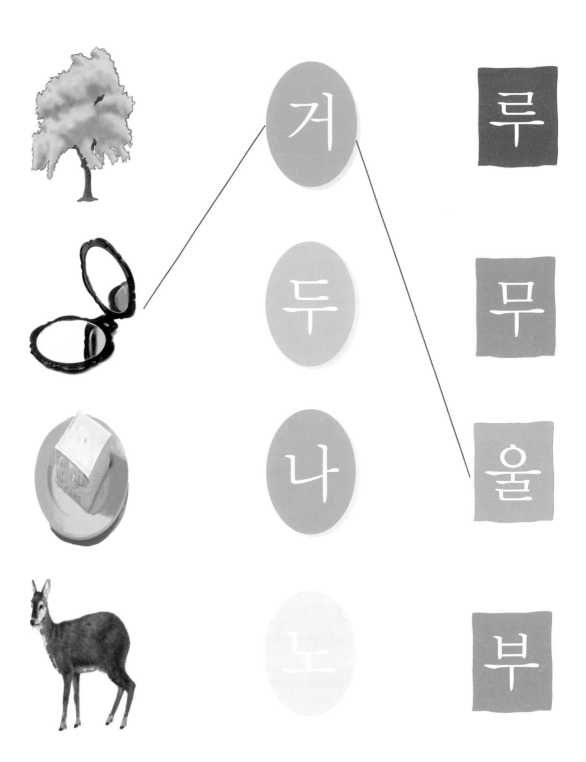

☆ 아래에서 같은 자음이 들어간 글자를 서로 선으로 연결해 봅시다.

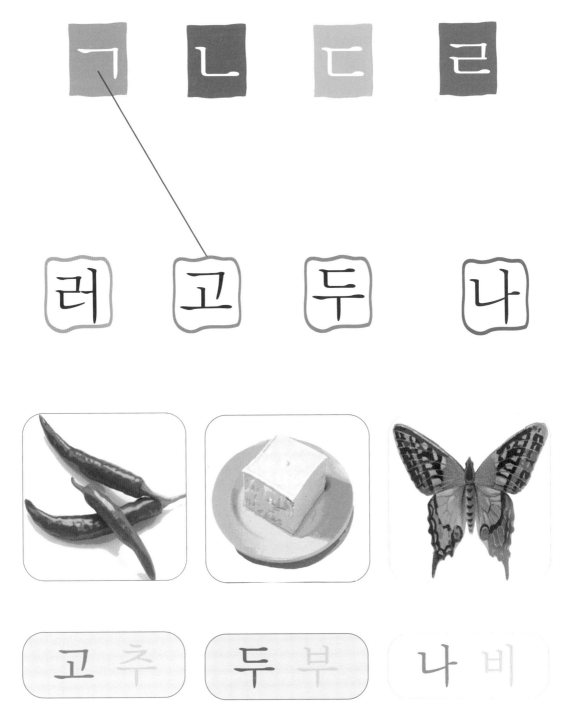

고 주   두 부   나 비

☆ '자음자' 와 '모음자' 를 합하여 글자를 만들어 봅시다.

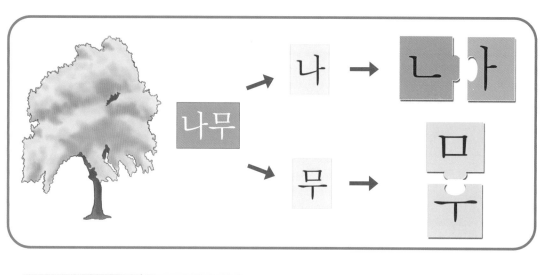

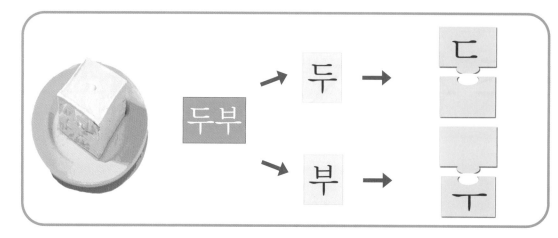

☆ '㉠-㉣'까지의 자음을 예쁘게 써 봅시다.

ㄱ	ㄱ					
ㄱ	ㄱ					

ㄴ	ㄴ					
ㄴ	ㄴ					

ㄷ	ㄷ					
ㄷ	ㄷ					

ㄹ	ㄹ				
ㄹ	ㄹ				

☆ 자음자 '미음'을 익히고 예쁘게 따라 써 봅시다.

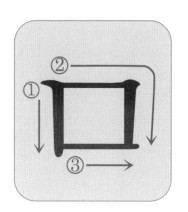

☆ '마' 의 쓰는 순서를 보고 정확히 따라 써 봅시다.

ㅁ + ㅏ = 마

마	마	마	마	마

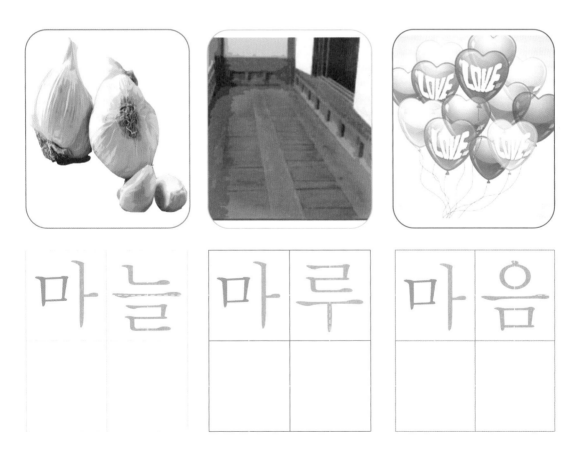

마	늘

마	루

마	음

☆ 'ㅁ'이 들어가는 낱말을 따라 써 봅시다.

마	차		

하	마		

매	미		

☆ '□'이 들어가는 낱말을 따라 써 봅시다.

호	미		

고	구	마

무	지	개

☆ 빈칸에 알맞은 글자를 써 넣고 오른쪽에 예쁘게 따라 써 봅시다.

다 리 ☐

다	리	미

☐ 두

만	두		

치 ☐

치	마		

 나리

미	나	리

당

마	당		

술

마	술		

☆ 자음자 '비읍'을 익히고 예쁘게 따라 써 봅시다.

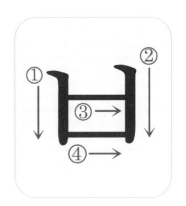

바지

바다

ㅂ + ㅏ = 바

바	바	바	바	바

바	위	바	늘	바	보

☆ 'ㅂ'이 들어가는 낱말을 따라 써 봅시다.

바	지	락

바	구	니

바	나	나

바둑

바람

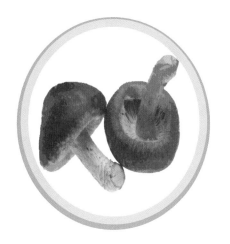

버섯

☆ 빈칸에 알맞은 글자를 써 넣고 오른쪽에 예쁘게 따라 써 봅시다.

☐ 선

버	선		

☐ 스

버	스		

☐ 개

번	개		

☐ 어 리

병	어	리

☐ 석

보	석		

☐ 아 리

병	아	리

⭐ 자음자 '시옷'을 익히고 예쁘게 따라 써 봅시다.

⭐ '사' 의 쓰는 순서를 보고 정확히 따라 써 봅시다.

ㅅ + ㅏ = 사

사	사	사	사	사

사	슴

사	자

사	과

☆ 'ㅅ'이 들어가는 낱말을 따라 써 봅시다.

사	막		

사	진		

사	냥	꾼

☆ 'ㅅ'이 들어가는 낱말을 따라 써 봅시다.

신	발		

산	소	

사	마	귀

☆ 빈칸에 알맞은 글자를 써 넣고 오른쪽에 예쁘게 따라 써 봅시다.

☐ 불

산	불		

☐ 새

산	새		

우 ☐

우	산		

 각 형

□ 어

□ 인 장

☆ 자음자 '이응'을 익히고 예쁘게 따라 써 봅시다.

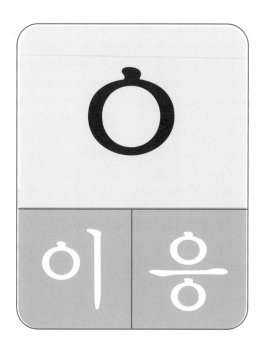

☆ '아' 의 쓰는 순서를 보고 정확히 따라 써 봅시다.

$$ㅇ + ㅏ = 아$$

아 아 아 아 아

아빠

아저씨

☆ 'ㅇ'이 들어가는 낱말을 따라 써 봅시다.

어	린	이

언	덕		

얼	굴		

☆ 'ㅇ'이 들어가는 낱말을 따라 써 봅시다.

연못

염소

오이

☆ 빈칸에 알맞은 글자를 써 넣고 오른쪽에 예쁘게 따라 써 봅시다.

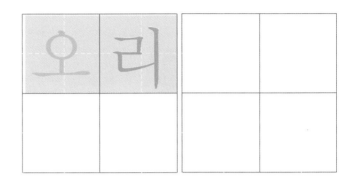

 리

오 징 어

□ 징 어

옥 수 수

□ 수 수

<table>
<tr><td>요</td><td>강</td><td></td><td></td></tr>
<tr><td></td><td></td><td></td><td></td></tr>
</table>

⬜ 강

<table>
<tr><td>용</td><td>궁</td><td></td><td></td></tr>
<tr><td></td><td></td><td></td><td></td></tr>
</table>

⬜ 궁

⬜ 체 통

<table>
<tr><td>우</td><td>체</td><td>통</td></tr>
<tr><td></td><td></td><td></td></tr>
</table>

☆ 낱말을 읽고 자음자를 바로 써 봅시다.

 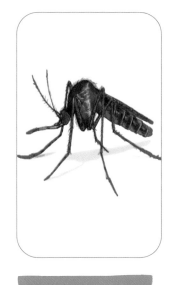 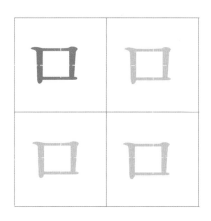

모 자   모 기

바 지   바 다

  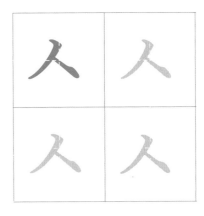

사 탕　　　사 슴

  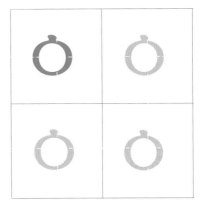

어 름　　　오 이

☆ 그림과 맞게 연결하여 낱말을 만들어 봅시다.

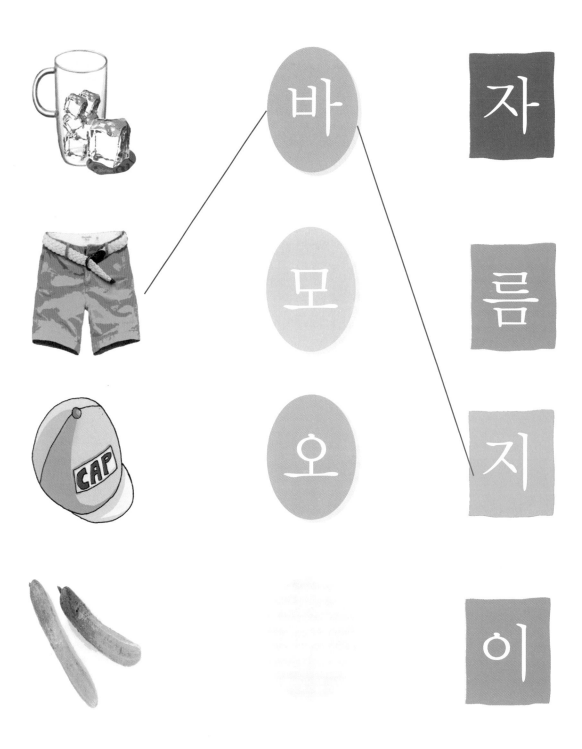

☆ 아래에서 같은 자음이 들어간 글자를 선으로 연결해 봅시다.

ㅁ ㅂ ㅅ ㅇ

사 모 두 바

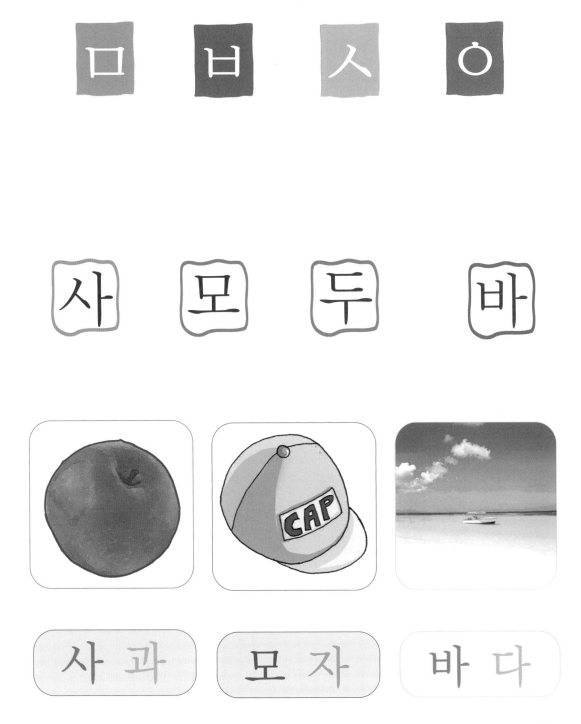

사 과   모 자   바 다

☆ '자음자' 와 '모음자' 를 합하여 글자를 만들어 봅시다.

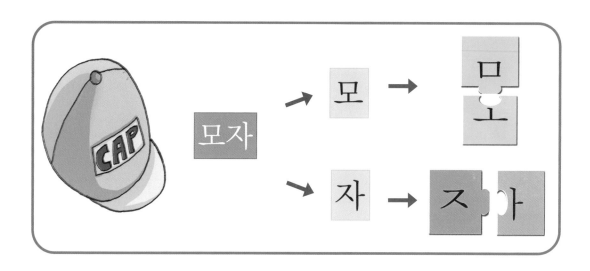

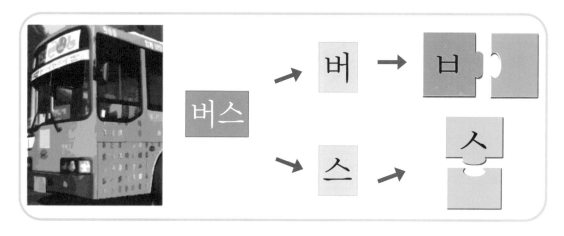

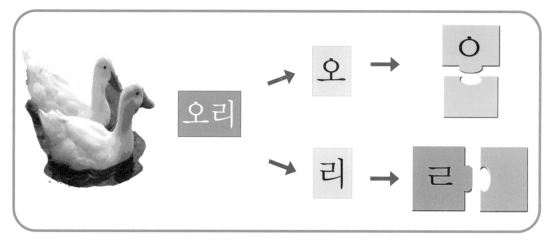

☆ 'ㅁ-ㅇ'까지의 자음을 예쁘게 써 봅시다.

ㅁ	ㅁ					
ㅁ	ㅁ					

ㅂ	ㅂ					
ㅂ	ㅂ					

ㅅ	ㅅ					
ㅅ	ㅅ					

ㅇ	ㅇ					
ㅇ	ㅇ					

☆ 물속의 모음자 중에서 알맞은 것을 골라 그림에 어울리는 낱말을 완성하여 봅시다.

나ㅁ

ㅅ람

ㅓ

ㅏ

ㅜ

66

ㅇ 징 어

ㅂ 다

ㅏ

ㅠ

ㅗ

☆ 자음자 '지읒'을 익히고 예쁘게 따라 써 봅시다.

자	동	차

자	전	거

ㅈ + ㅏ = 자

자 자 자 자 자

자	라		자	루		잠	옷

☆ 'ㅈ'이 들어가는 낱말을 따라 써 봅시다.

잠	자	리

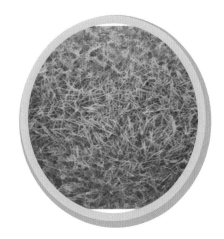

잔	디		

장	갑		

☆ 'ㅈ'이 들어가는 낱말을 따라 써 봅시다.

장	구		

잠	수	함

저	고	리

가 지

가 [ ]

자 두

[ ] 두

저 녁

[ ] 녁

접시

□ 시

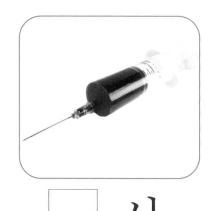

주사

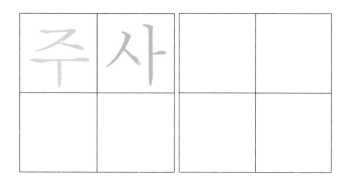

□ 사

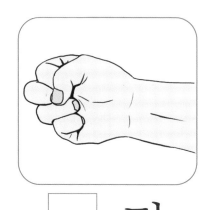

주먹

□ 먹

치	마		참	외

☆ '차'의 쓰는 순서를 보고 정확히 따라 써 봅시다.

ㅊ + ㅏ = 차

차 차 차 차 차

차표   채소   참새

☆ 'ㅊ'이 들어가는 낱말을 따라 써 봅시다.

부채

고추

치마

⭐ '초' 이 들어가는 낱말을 따라 써 봅시다.

배	추		

책	상		

축	구	공

☆ 빈칸에 알맞은 글자를 써 넣고 오른쪽에 예쁘게 따라 써 봅시다.

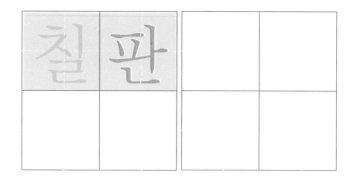

 판

천 사

사

단 추

단

참	치		

☐ 치

공 ☐

공	책		

☐ 소

채	소		

⭐ 자음자 '키읔'을 익히고 예쁘게 따라 써 봅시다.

로 켓

초 콜 렛

$$ㅋ + ㅏ = 카$$

카	카	카	카	카

칼	칼	카	드	콩	밥

☆ 'ㅋ'이 들어가는 낱말을 따라 써 봅시다.

코	끼	리

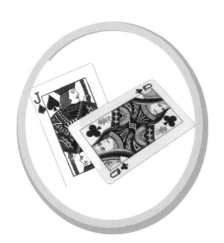

카	드	

캥	거	루

☆ 'ㅋ'이 들어가는 낱말을 따라 써 봅시다.

코코아

커튼

소쿠리

큰 곰

□ 곰

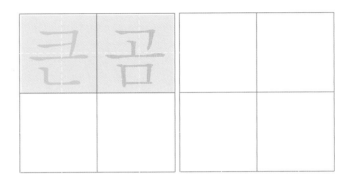

캥 거 루

□ 거 루

코 알 라

□ 알 라

☐ 퍼 스

☐ 나 물

☐ 뿔 소

☆ 낱말을 읽고 자음자를 바로 써 봅시다.

장갑

주사

치마

고추

카 드   로 켓

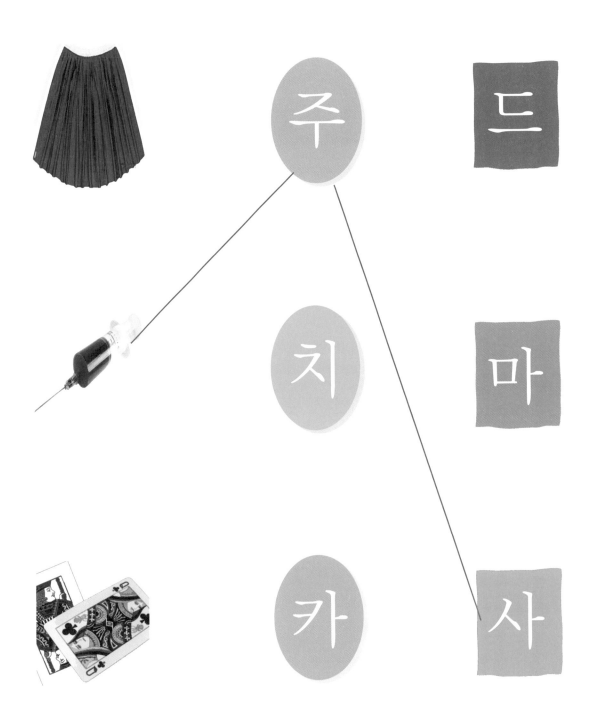

ㅈ ㅊ ㅋ ㅌ

커 자 채 나

커튼   자두   채소

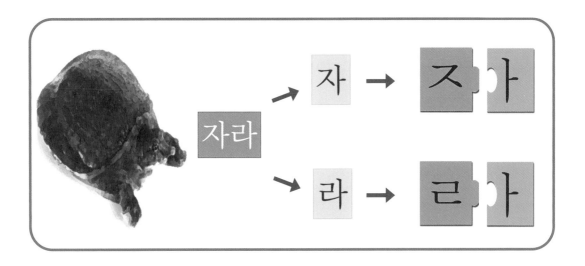

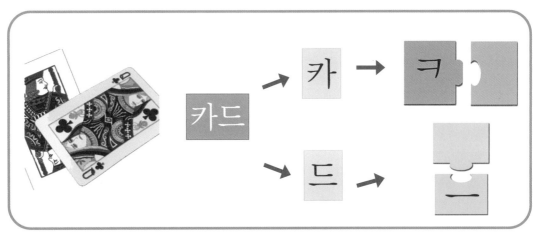

90

☆ 'ㅈ-ㅋ'까지의 자음을 예쁘게 써 봅시다.

ㅈ	ㅈ					
ㅈ	ㅈ					

ㅊ	ㅊ					
ㅊ	ㅊ					

ㅋ	ㅋ					
ㅋ	ㅋ					

★ 자음자 '티귿'을 익히고 예쁘게 따라 써 봅시다.

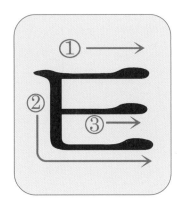

타	이	어

타	올

☆ '타' 의 쓰는 순서를 보고 정확히 따라 써 봅시다.

ㅌ + ㅏ = 타

타	타	타	타	타

탁	구	타	조	타	잔

폭	탄		

석	탑		

태	권		

☆ 'ㅋ'이 들어가는 낱말을 따라 써 봅시다.

태	극	기

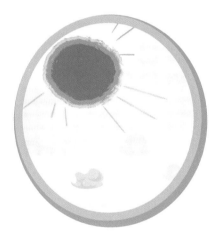

태	양		

택	시		

⭐ 빈칸에 알맞은 글자를 써 넣고 오른쪽에 예쁘게 따라 써 봅시다.

☐ 크

탱	크		

☐ 자

탱	자		

☐ 걸 이

턱	걸	이

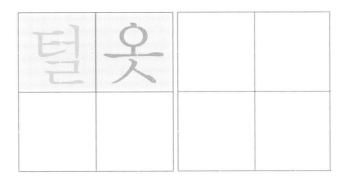

털옷

□ 옷

토끼

□ 끼

토마토

□ 마 토

⭐ 자음자 '피읖'을 익히고 예쁘게 따라 써 봅시다.

☆ '파' 의 쓰는 순서를 보고 정확히 따라 써 봅시다.

ㅍ + ㅏ = 파

파	파	파	파	파

판	사		팔	목		패	물

☆ '프'이 들어가는 낱말을 따라 써 봅시다.

파	랑	새

팥	죽		

파	일	럿

☆ '프'이 들어가는 낱말을 따라 써 봅시다.

팬	티		

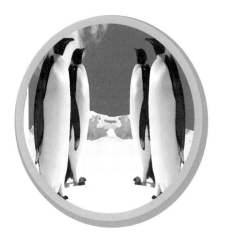

펭	귄		

파	수	꾼

☆빈칸에 알맞은 글자를 써 넣고 오른쪽에 예쁘게 따라 써 봅시다.

편 지

 지

피 아 노

아 노

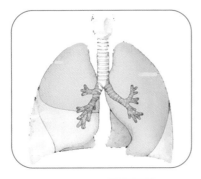

허 파

허

□ 선

풍선

□ 발

폭발

□ 범

표범

☆ '하' 의 쓰는 순서를 보고 정확히 따라 써 봅시다.

ㅎ + ㅏ = 하

하 하 하 하 하

학교 한글 호두

☆ 'ㅎ'이 들어가는 낱말을 따라 써 봅시다.

하	늘	소

항	구		

할	미	꽃

☆ 'ㅎ' 이 들어가는 낱말을 따라 써 봅시다.

항	아	리

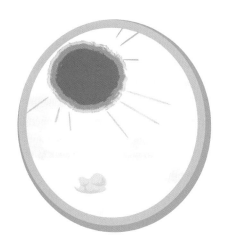

해	님		

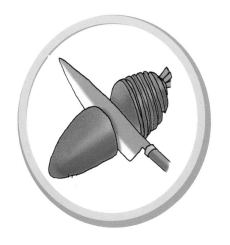

홍	당	무

☆ 빈칸에 알맞은 글자를 써 넣고 오른쪽에 예쁘게 따라 써 봅시다.

☐ 박

호	박		

☐ 녀

해	녀		

☐ 랑 이

호	랑	이

 □ 개미

 흰개미

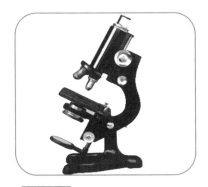

□ 미경

현미경

□ 마

하마

☆ 낱말을 읽고 자음자를 바로 써 봅시다.

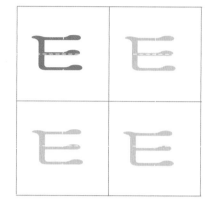

타 조   토 끼

파 리   풍 선

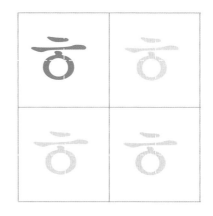

하 마　　　호 두

길을 비켜라~

그림과 맞게 연결하여 낱말을 만들어 봅시다.

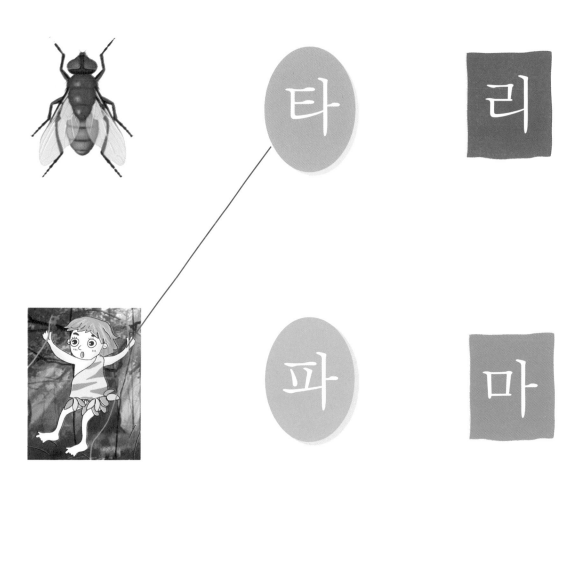

⭐ 아래에서 같은 자음이 들어간 글자를 서로 선으로 연결해 봅시다.

호　타　풍　나

호박　타조　풍선

☆ '자음자' 와 '모음자' 를 합하여 글자를 만들어 봅시다.

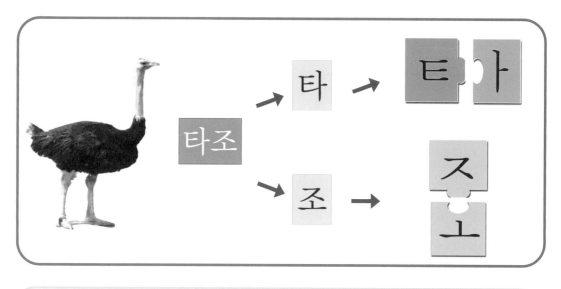

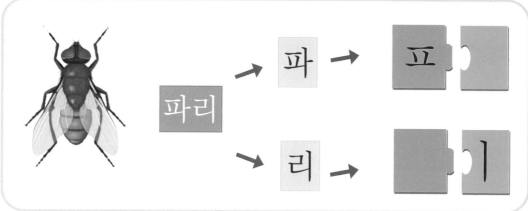

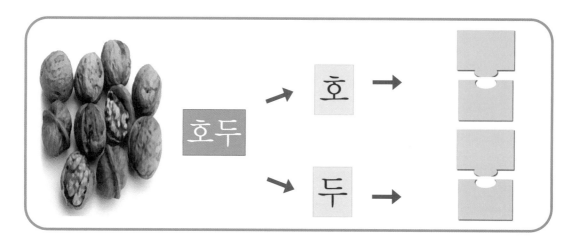

☆ '￠-ㅎ'까지의 자음을 예쁘게 써 봅시다.

ㅌ	ㅌ					
ㅌ	ㅌ					

ㅍ	ㅍ					
ㅍ	ㅍ					

ㅎ	ㅎ					
ㅎ	ㅎ					

☆ 받침이 없는 글자를 따라 써 봅시다.

토끼　사슴　다리

두부　나무　구두

너	구	리

바	나	나

다	리	미

두	루	미

모	자

마	차

사	자

사	과

여	치

오	이

무	지	개

피	아	노

토	마	토

개	구	리

구	름

나	팔

단	풍

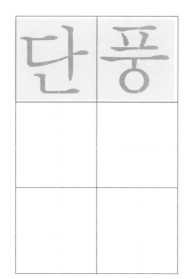

사	슴

걸	래

만	두

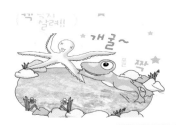

나	뭇	잎

나	뭇	잎

병	아	리

사	냥	꾼

버	섯

바	둑

들	꽃

풍	선

하	늘

달	님

선	인	장

옥	수	수

자	동	차

잠	자	리

기	다	란		기	차	가
기	다	란		기	차	가

나	무	옆	을		지	나
나	무	옆	을		지	나

다	리	를		건	너	
다	리	를		건	너	

랄	랄	랄		노	래	를
랄	랄	랄		노	래	를

마	을	을		거	쳐	서
마	을	을		거	쳐	서

비	바	람		속	과	
비	바	람		속	과	

숲		속	을		지	나
숲		속	을		지	나

언	덕	을		넘	어	서
언	덕	을		넘	어	서

어린이(6-7세)

국어 따라쓰기(가)

재판 1쇄 발행 2019년 1월 20일

글 편집부

펴낸이 서영희 | **펴낸곳** 와이 앤 엠

편집 임명아

본문인쇄 신화 인쇄 | **제책** 일진 제책

제작 이윤식 | **마케팅** 강성태

주소 120-100 서울시 서대문구 홍은동 376-28

전화 (02)308-3891 | Fax (02)308-3892

E-mail yam3891@naver.com

등록 2007년 8월 29일 제312-2007-00004호

ISBN 978-89-93557-63-3 63710